Dibuja
Usando La Forma De Tus Manos

Vol. 1

Aportación de Ideas, Escrito e Ilustrado por:
Yuridia Ramírez Olvera

Descubre todo lo que puedes hacer con tus manos y un poco de creatividad, aprende a dibujar de la manera más fácil y divertida usando la forma de tus manos. Con solo poner tu mano sobre un papel, trazarla con un lápiz o pluma, y después añadirle unas cuantas cosas, podrás dibujar un dinosaurio, una mariposa, o inclusive un pastel. En este libro encontraras dibujos y las instrucciones de cómo hacerlos, te invito a conocer este mundo de manos, espero que te diviertas, y desde luego que aprendas a dibujar.

Primer ejercicio: Mano

Pon tu mano sobre una hoja de papel y trázala, después dibujas las uñas (si quieres también puedes ponerle accesorios a tu mano), y luego escribe el nombre de cada uno de los dedos como en el ejemplo.

1

2

3

Indice

Pulgar

dedo medio

anular

índice

meñique

pulgar

Cómo Hacer Un Antifaz

(Primero que nada, necesitas utilizar papel grueso para el antifaz, pero primero hagámoslo en éste libro). Pones tu mano en la posición que puedes ver en la ilustración y la trazas, luego colocas tu otra mano junto a la que ya trazaste en la misma posición y también la trazas, si no puedes escribir con las dos manos tendrás que pedirle ayuda a alguien. Después lo recortas y decoras, lo puedes colorear, o echarle pegamento escolar y pegarle diamantina, inclusive pegarle plumas, lo que a ti se te ocurra. Finalmente le haces dos hoyitos, uno de cada lado, para que le puedas poner un elástico y te lo puedas poner.

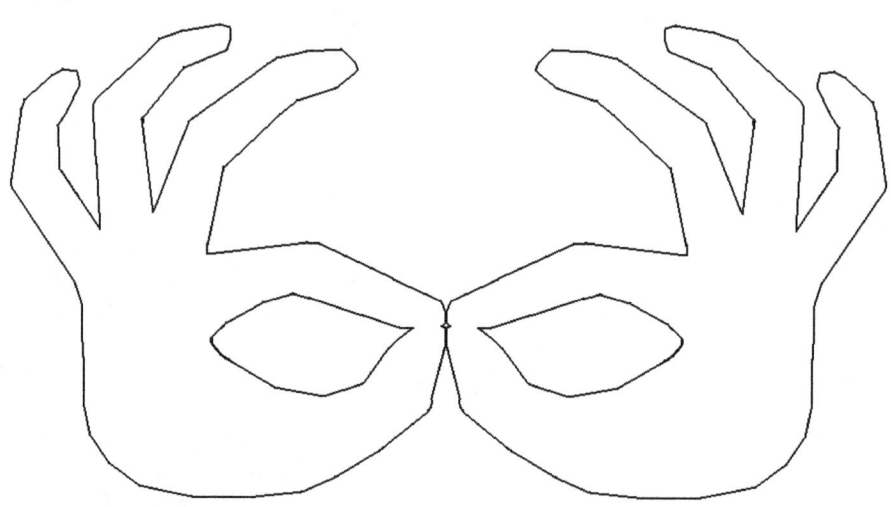

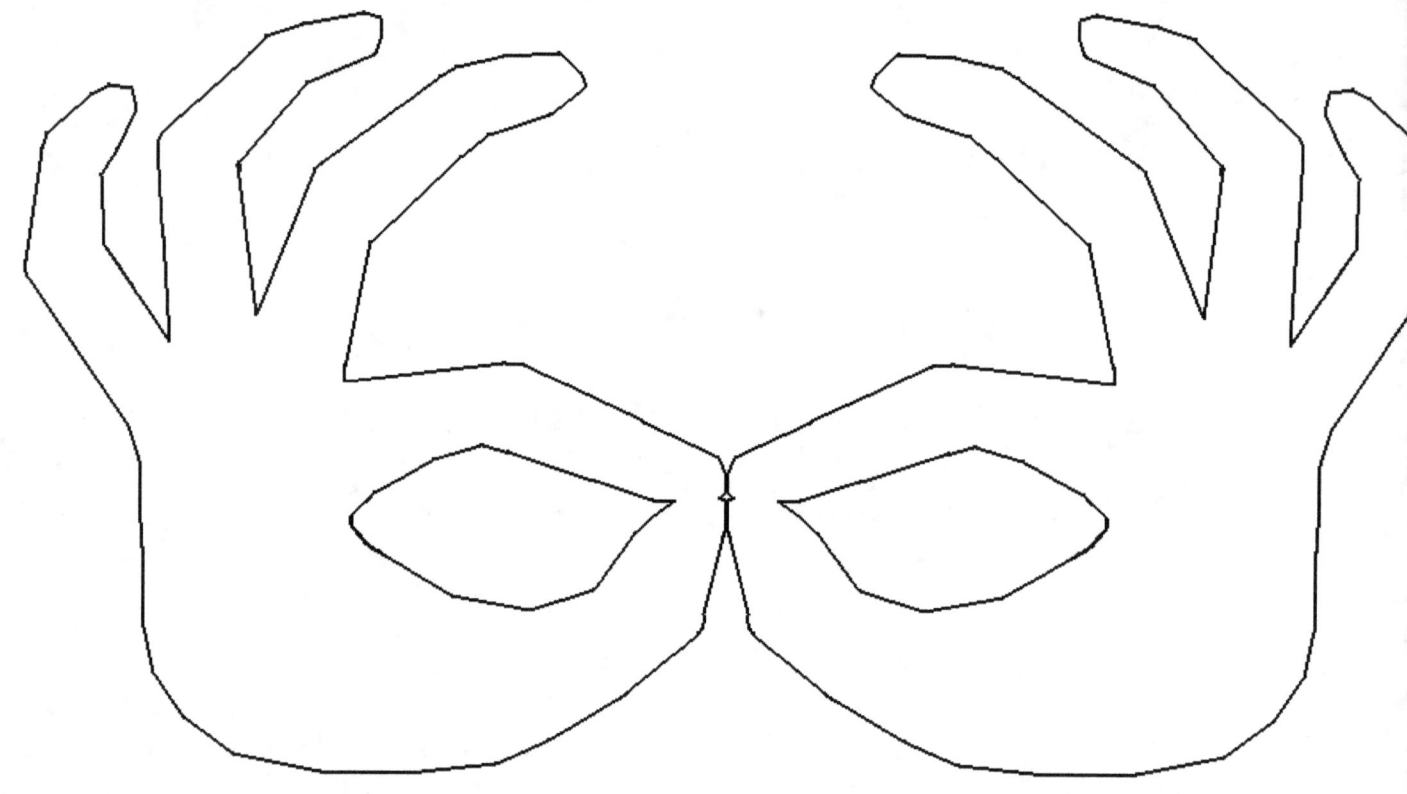

Gallina

Pon tu mano sobre la hoja y trázala, dibuja el pico, el ojo y al final la cresta.

1

2

3

4

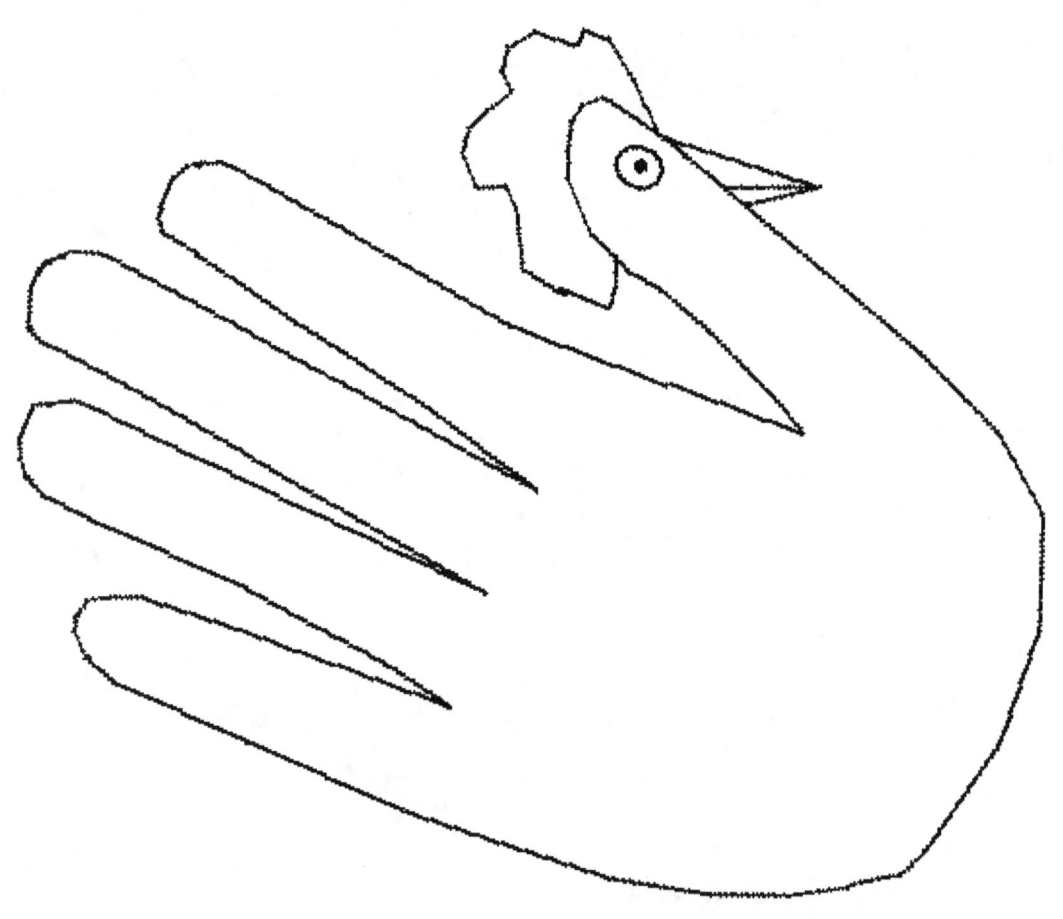

<u>Cisnes</u>

Pones la mano sobre la hoja y la trazas, después la vuelves a trazar, pero esta vez al revés, de forma que parezca que en la hoja están tus dos manos una al lado de la otra. Cada una de tus manos va a ser un cisne, entonces a cada cisne le dibujas su pico, su ojo, y dibujas el agua en la que están nadando.

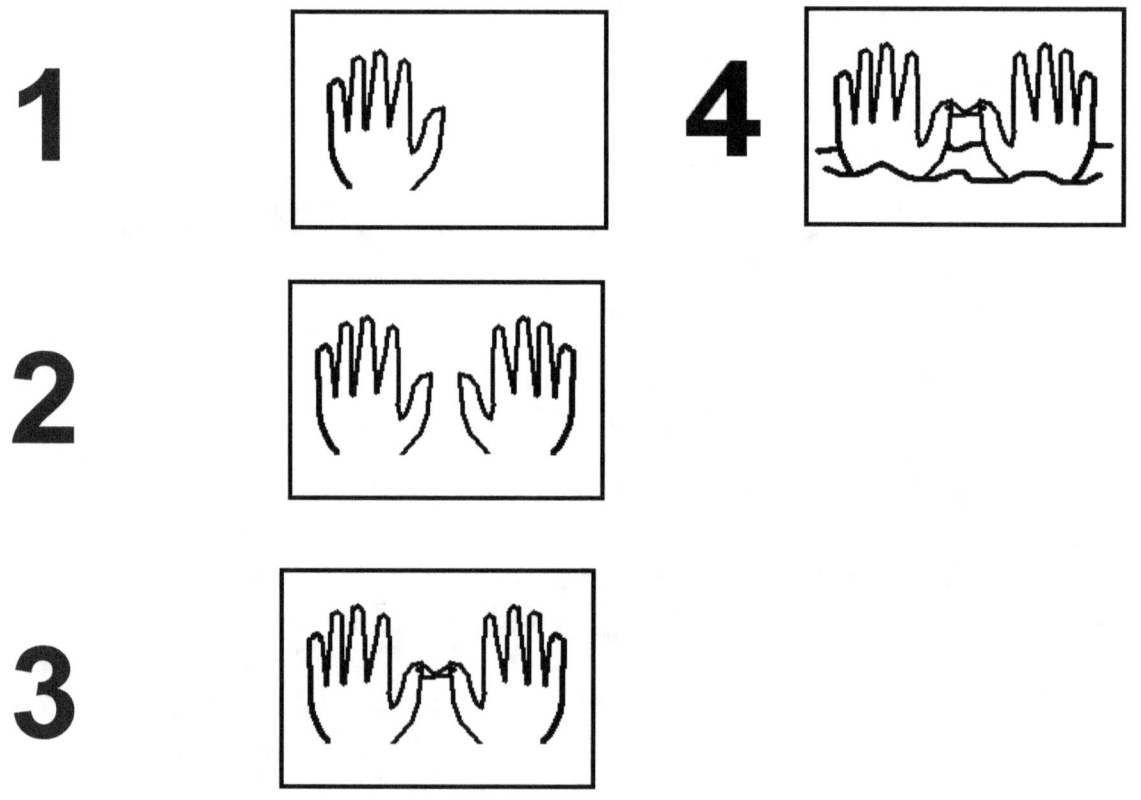

1

4

2

3

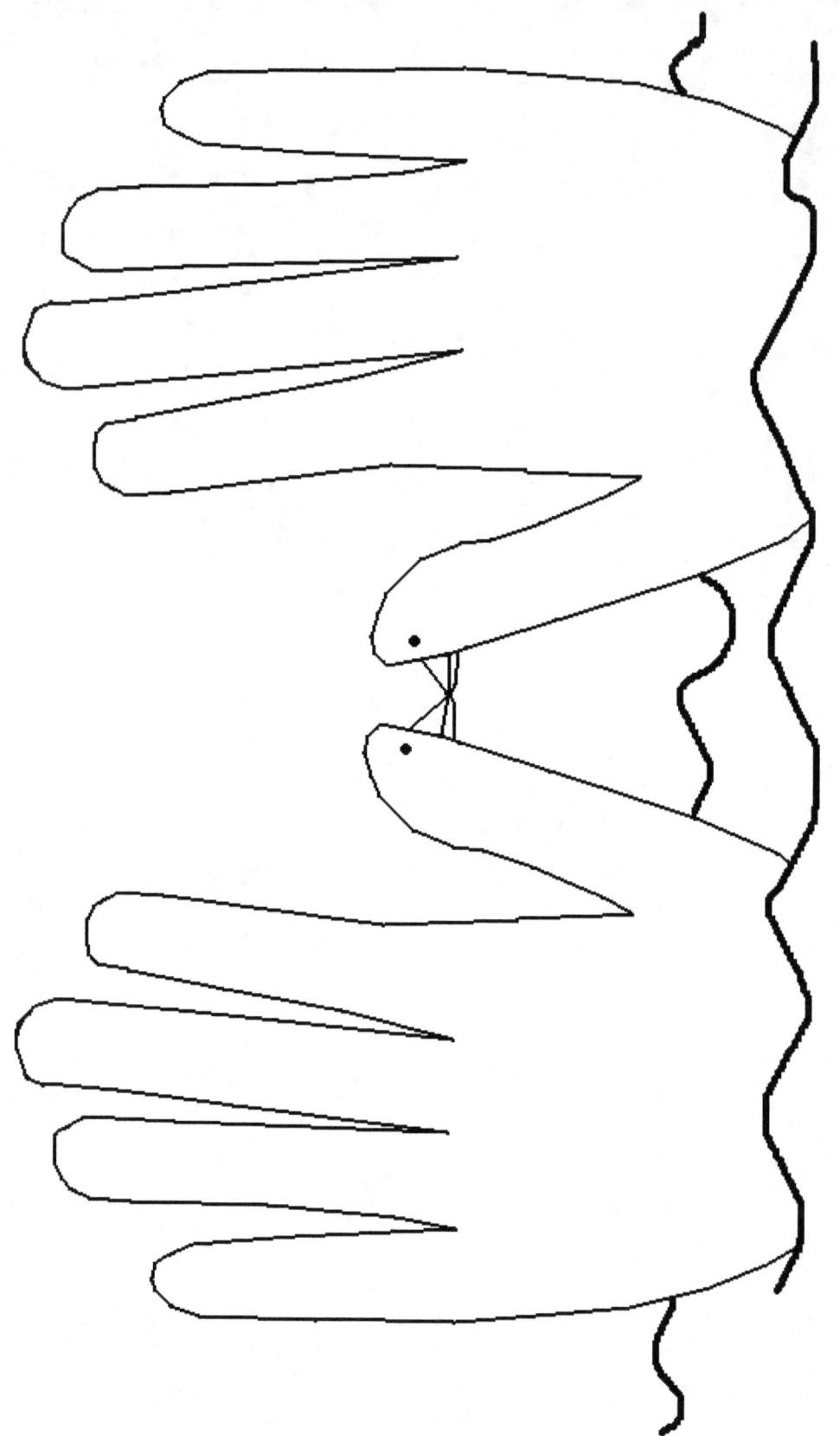

Cactus

Traza tu mano en la hoja, dibuja unos óvalos en la parte superior de cada uno de los dedos. Dibuja una línea recta en cada uno de los dedos, justo por el centro, también dibuja líneas rectas entre los dedos. Ahora dibuja las espinas, para finalizar dibuja la arena del desierto.

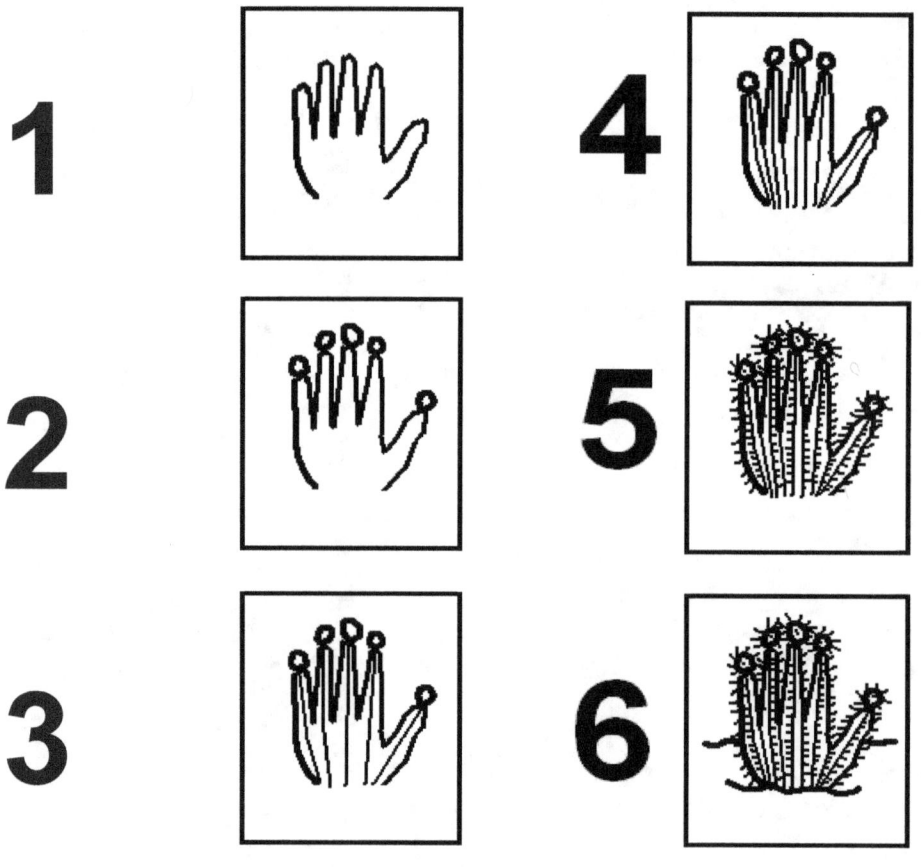

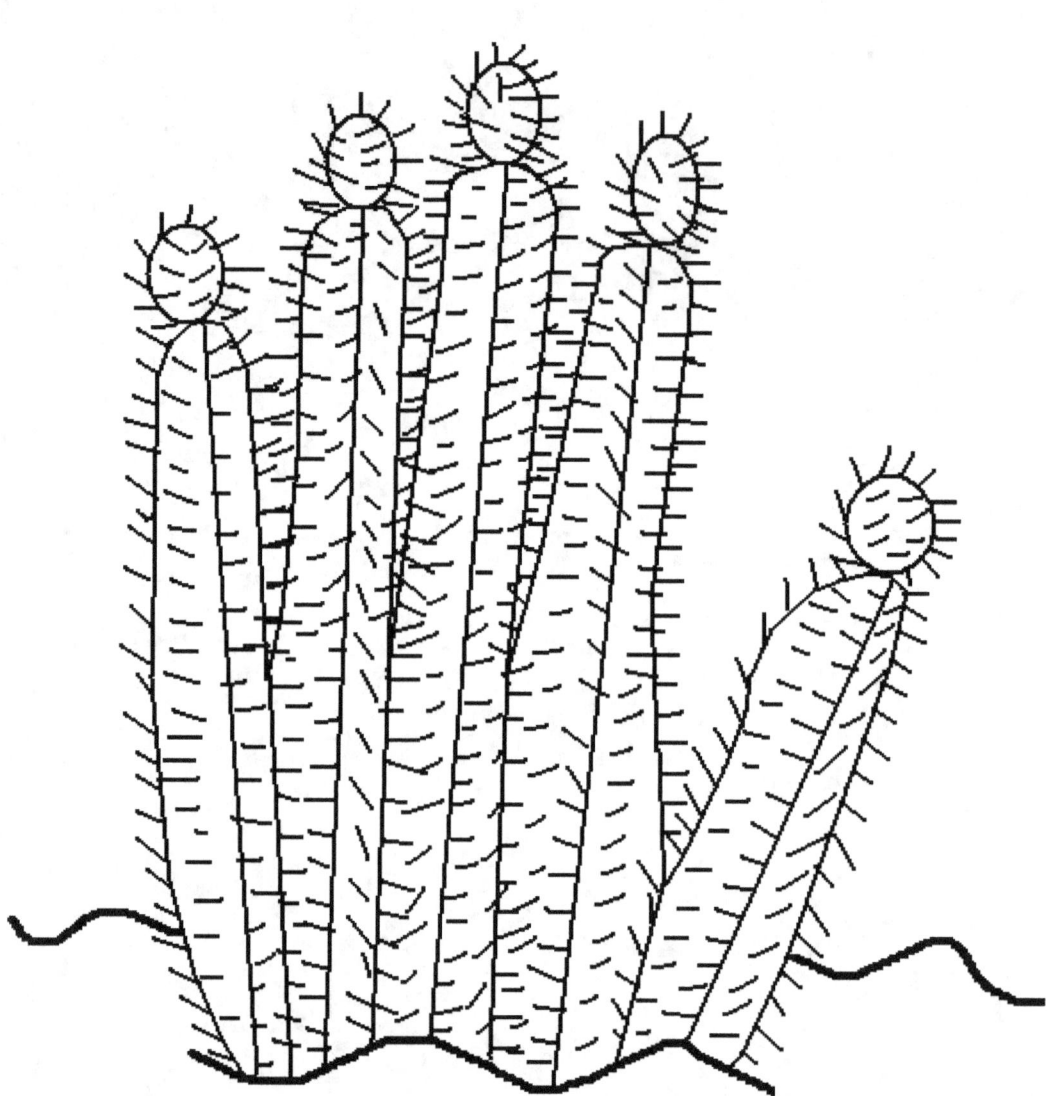

Corona

Tazas tu mano sobre la hoja sin dibujar el pulgar, luego cierras el dibujo de mano con una línea un poco curveada. Después le dibujas las piedras preciosas, en forma de círculos una en cada dedo como si fueran las uñas, igualmente cuatro en la parte inferior alineadas, finalmente puedes añadir las líneas en zigzag uniendo las piedras de arriba con las de abajo.

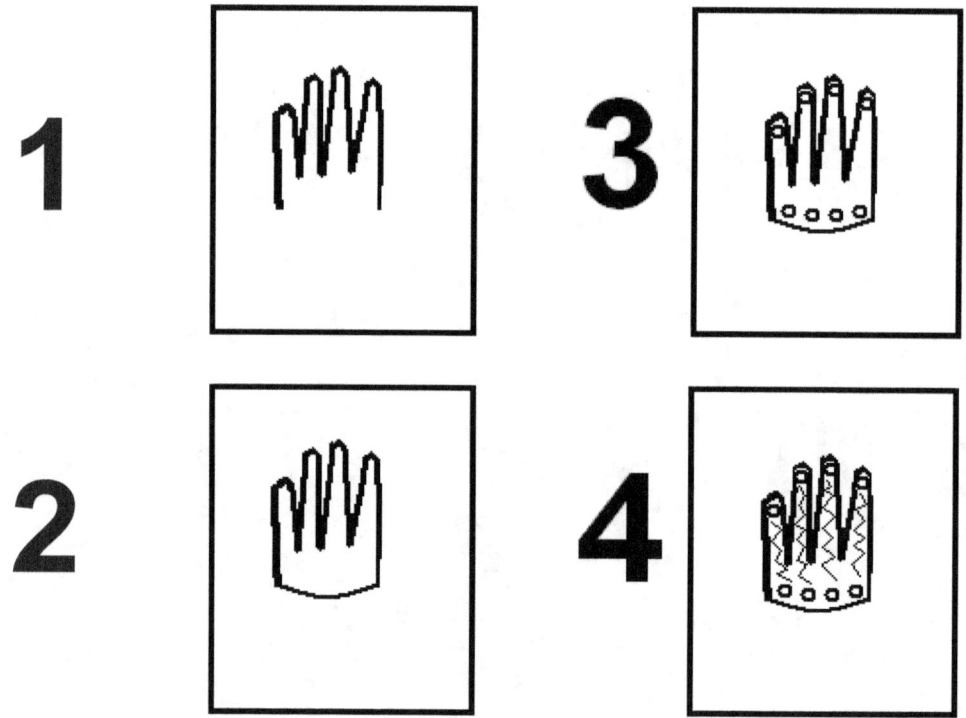

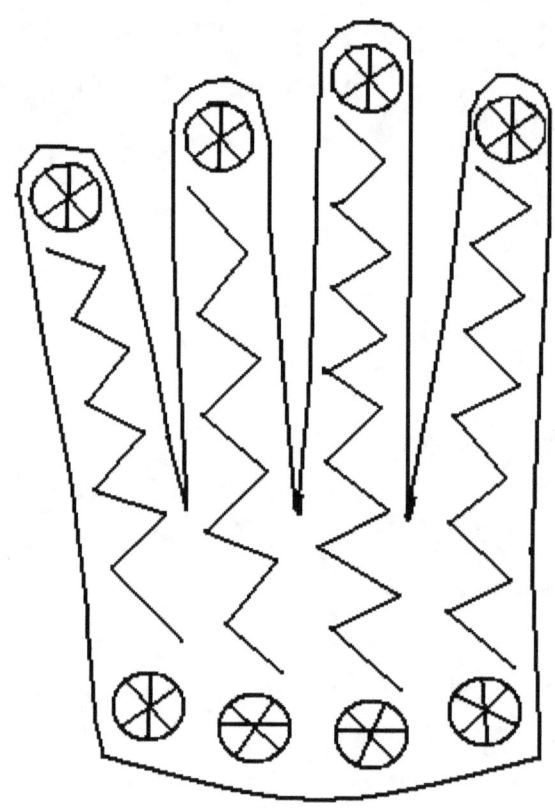

Dinosaurio (cabeza)

Pon tu mano en la posición que llaman "mano de cochinito" y luego trázala. Después dibujas los dientes, el ojo, el poro de la nariz y finalmente el cuello.

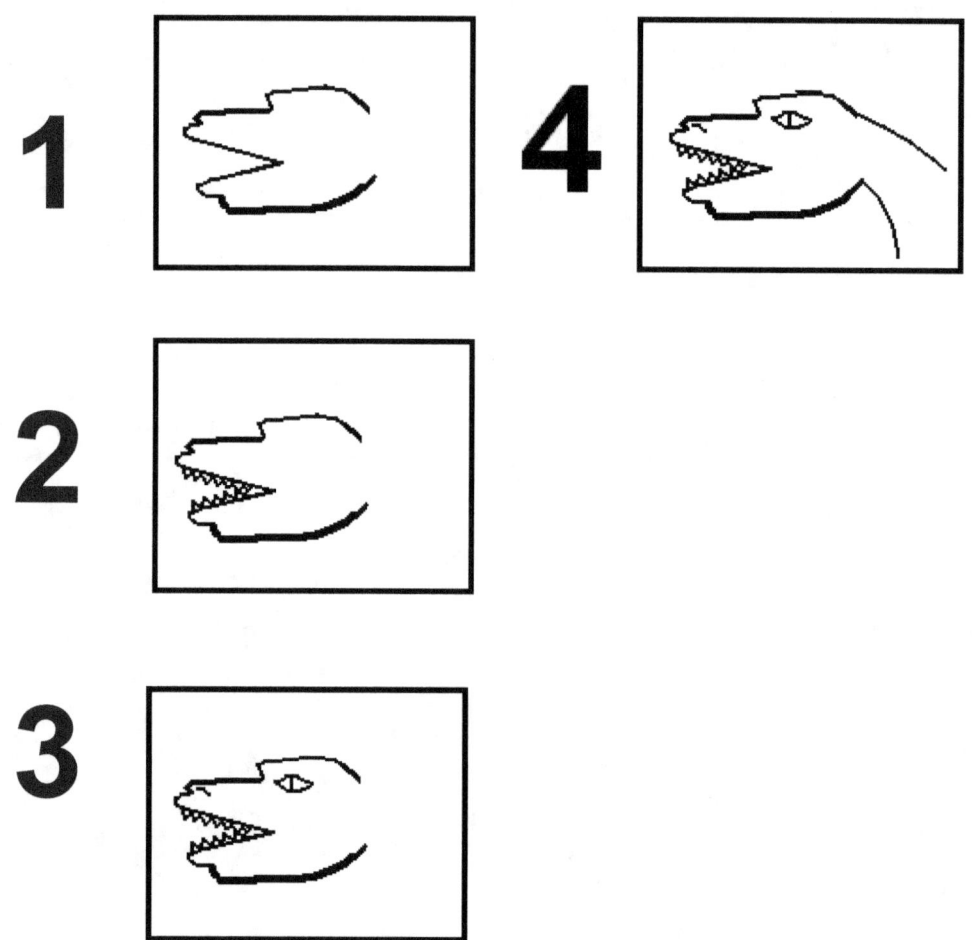

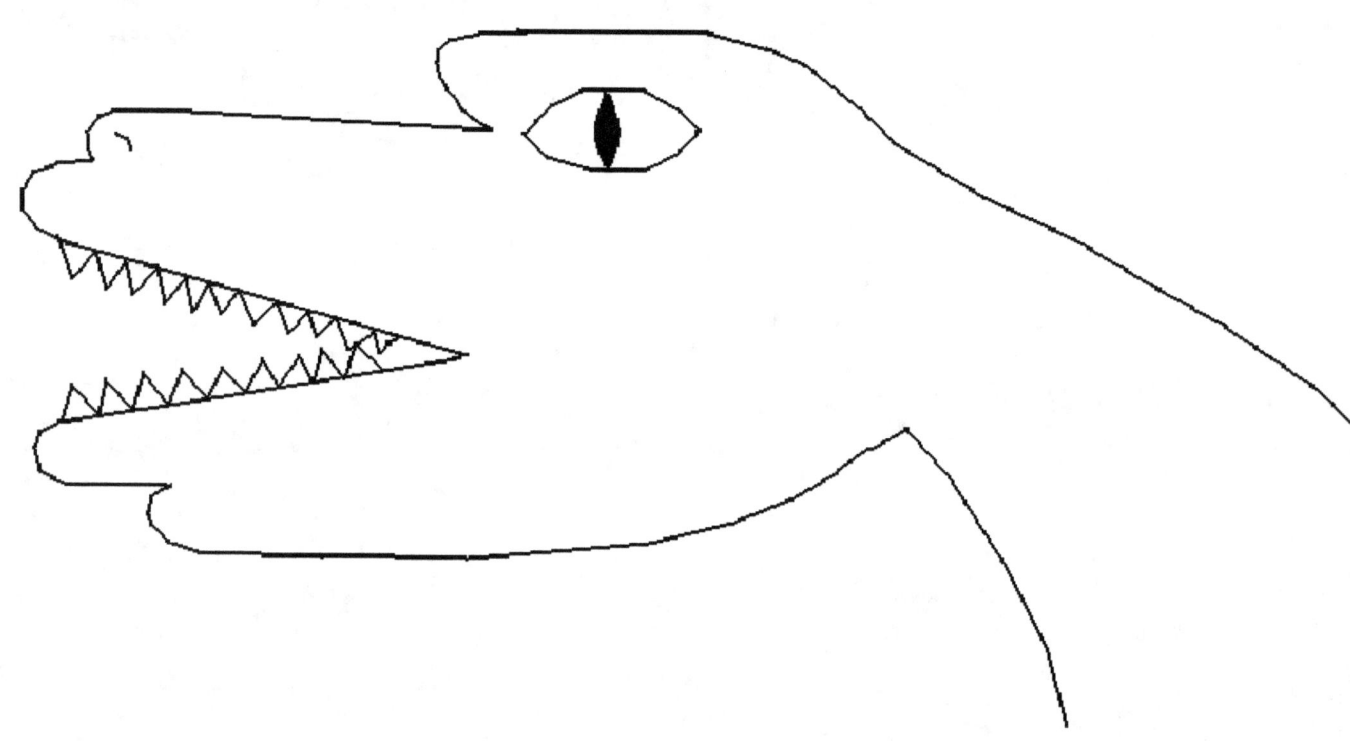

Perro

Dibuja tu mano en posición de "mano de cochinito", esta vez con el pulgar separado de los demás dedos. Ahora dibuja dientes, nariz, un ojo, dibujas la parte de adentro de la oreja y para finalizar, dibújale un collar al perro.

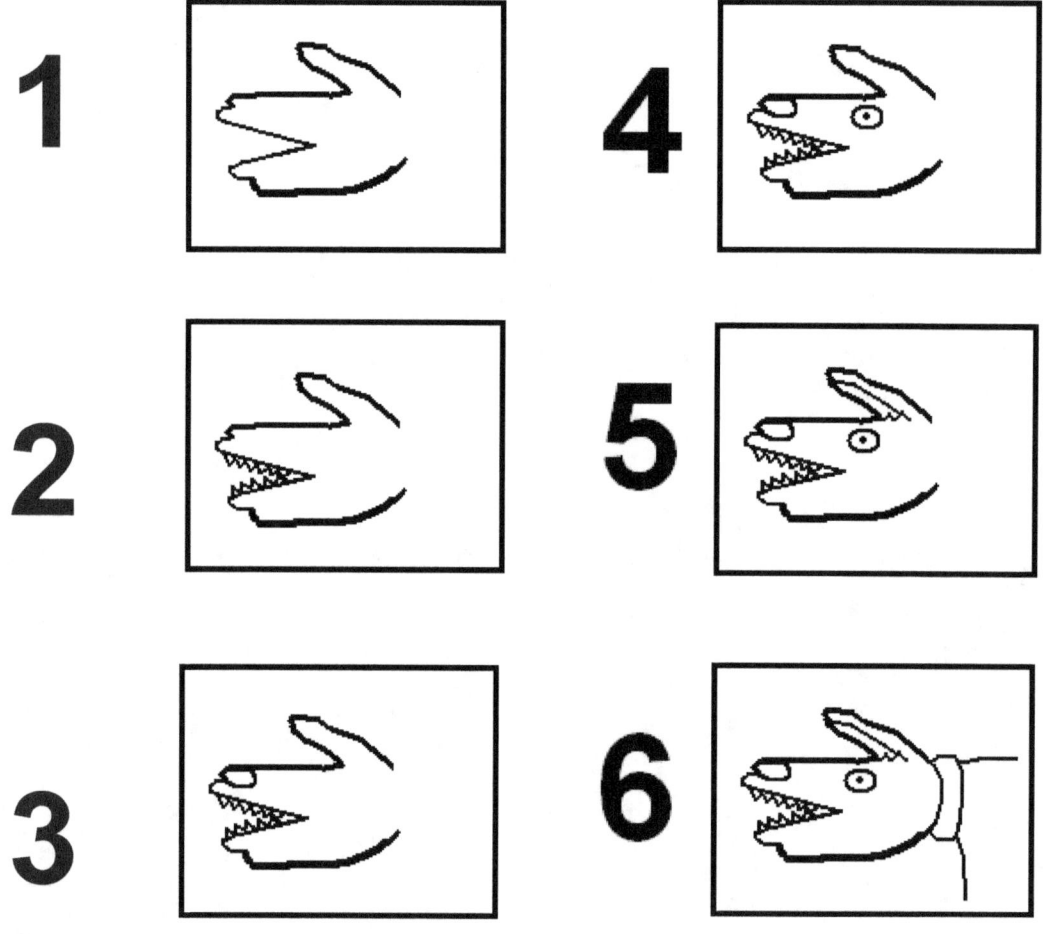

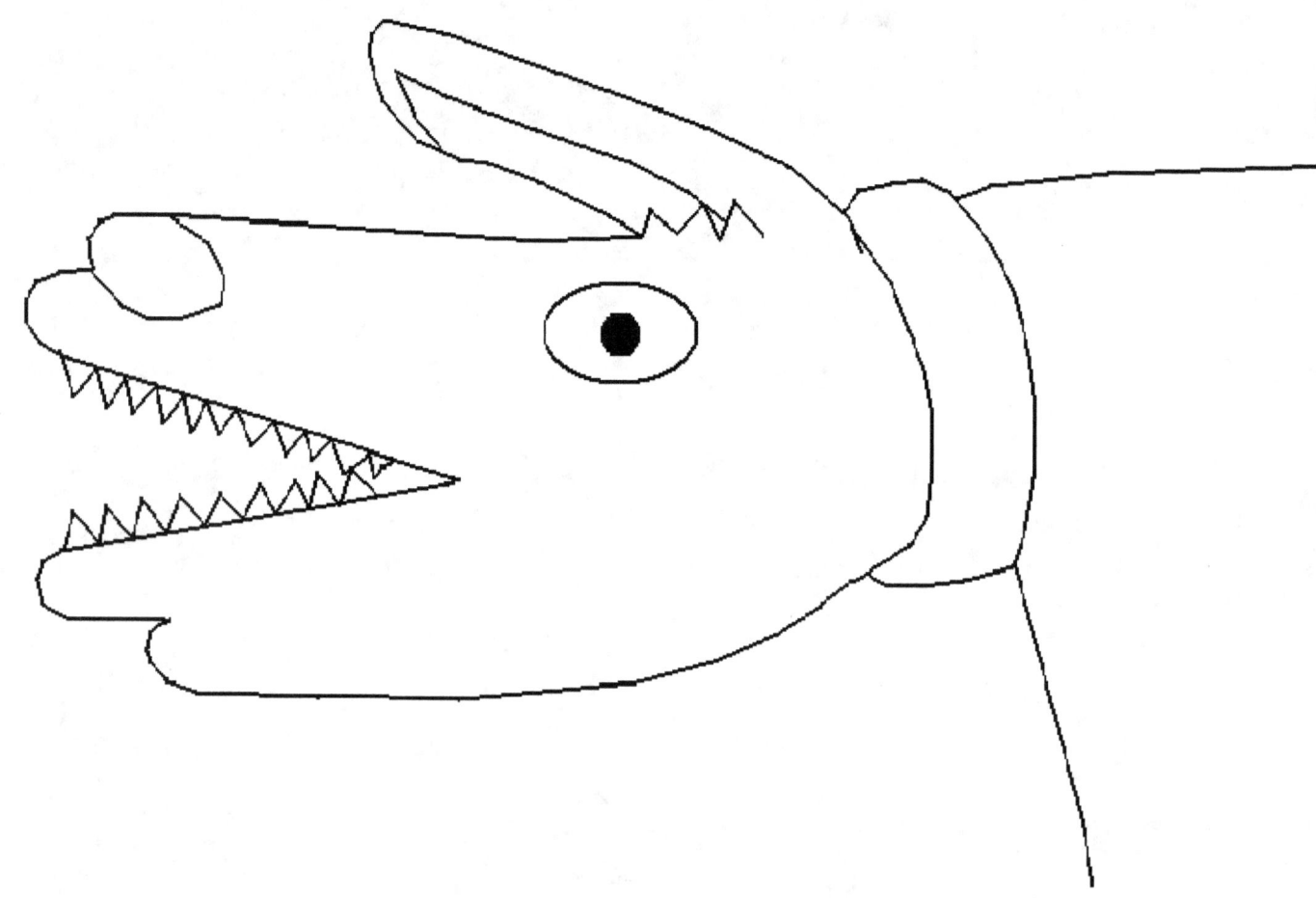

Mariposa

Vas a trazar tu mano abierta, con el dedo pulgar apuntando hacia la esquina de abajo, y el dedo medio apuntando hacia la esquina de arriba. Vuelves a trazar la mano, igual, pero esta vez con la palma hacia arriba. Ahora dibuja el cuerpo de la mariposa, la cabeza, los ojos y las antenas.

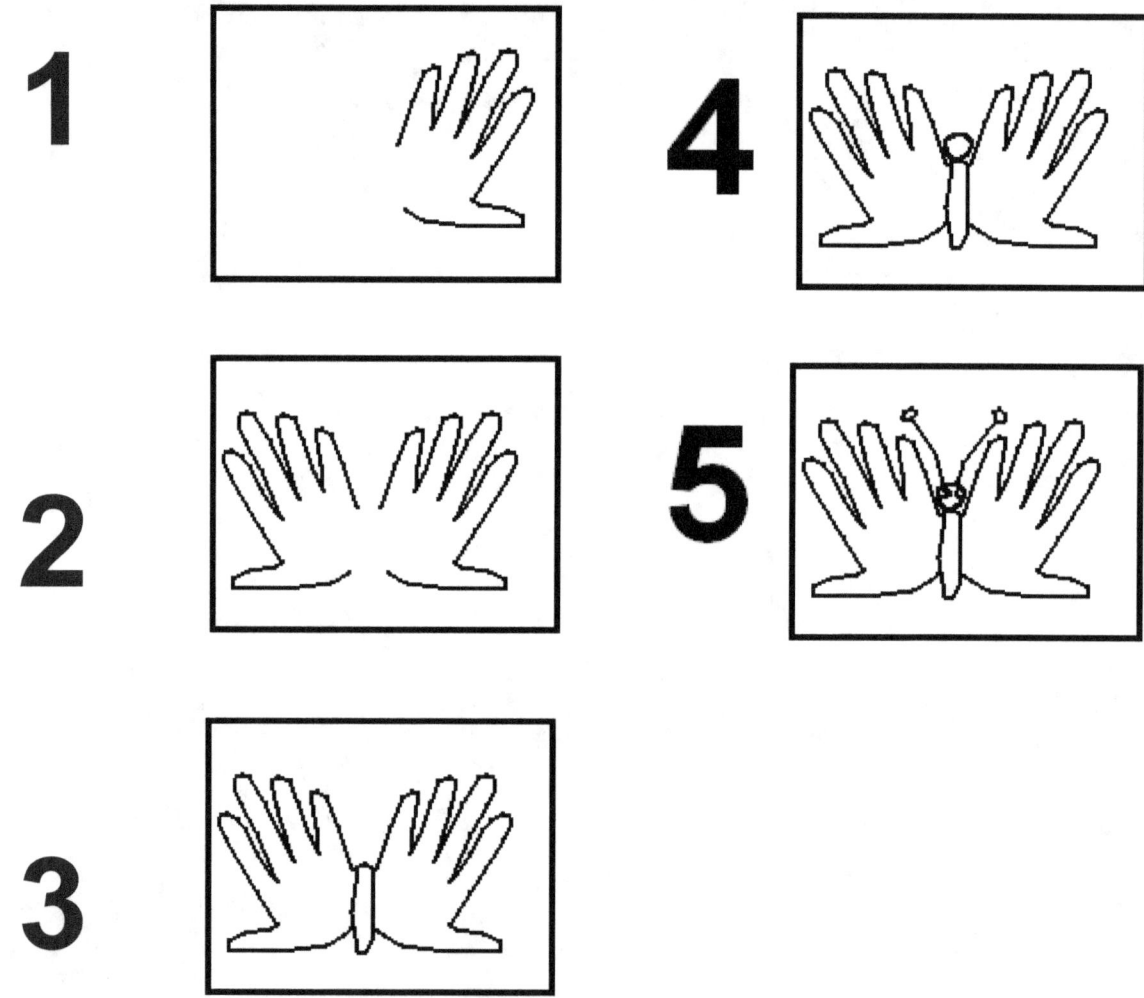

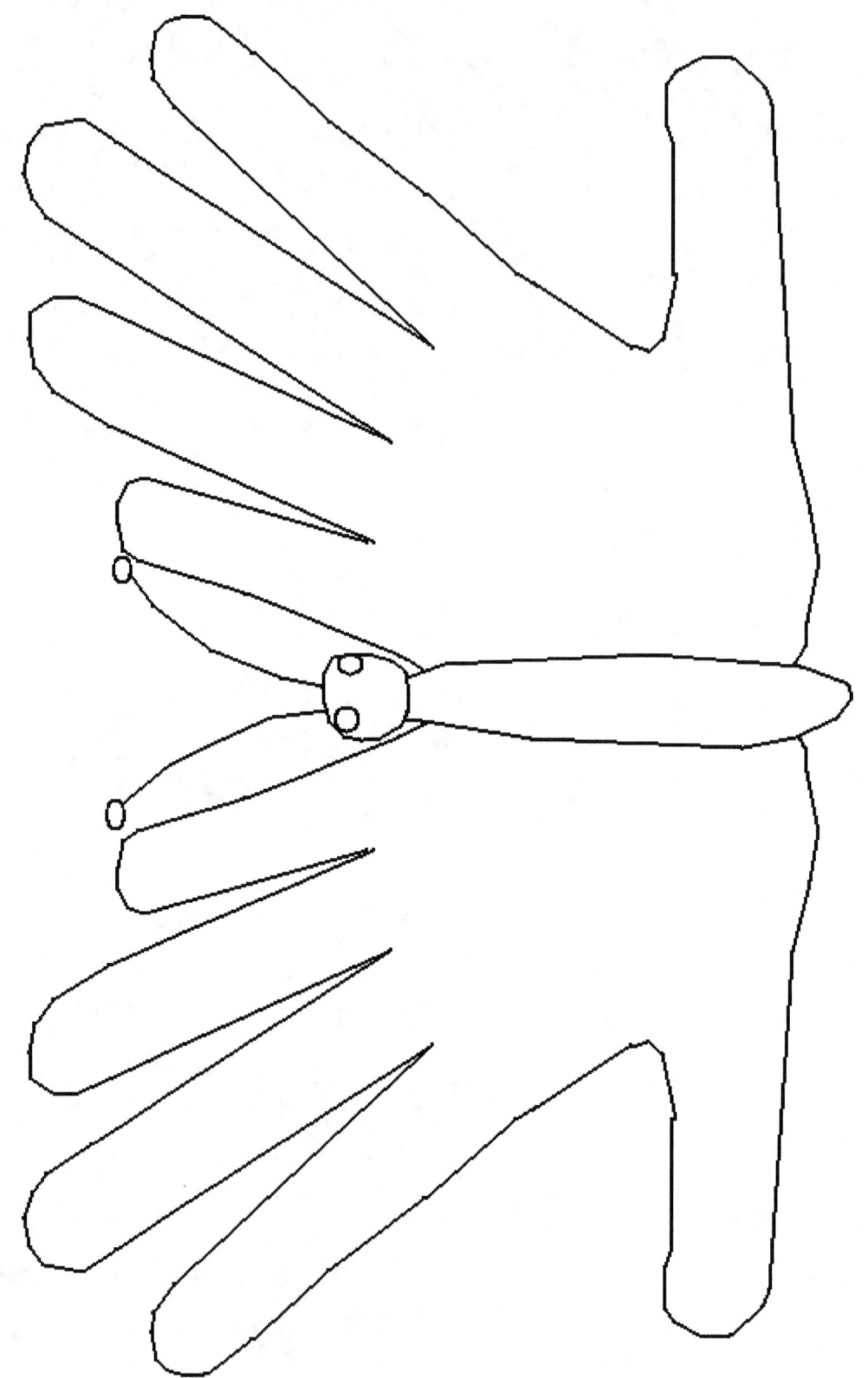

Narizón

Abre grande tu mano, procurando que el pulgar quede lo mas alejado posible y trázala en el papel. Luego dibujas un ojo, una oreja, debajo del pulgar una boca, y el cuello.

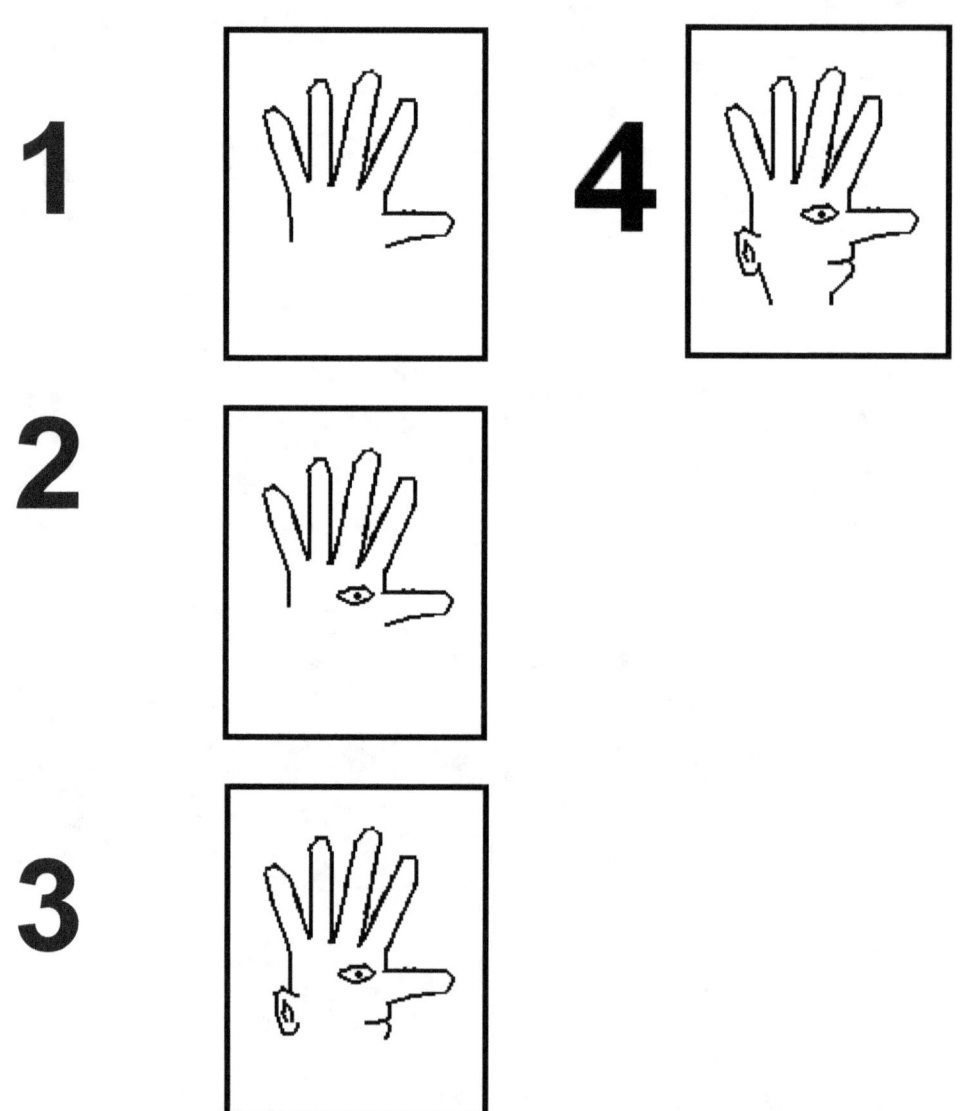

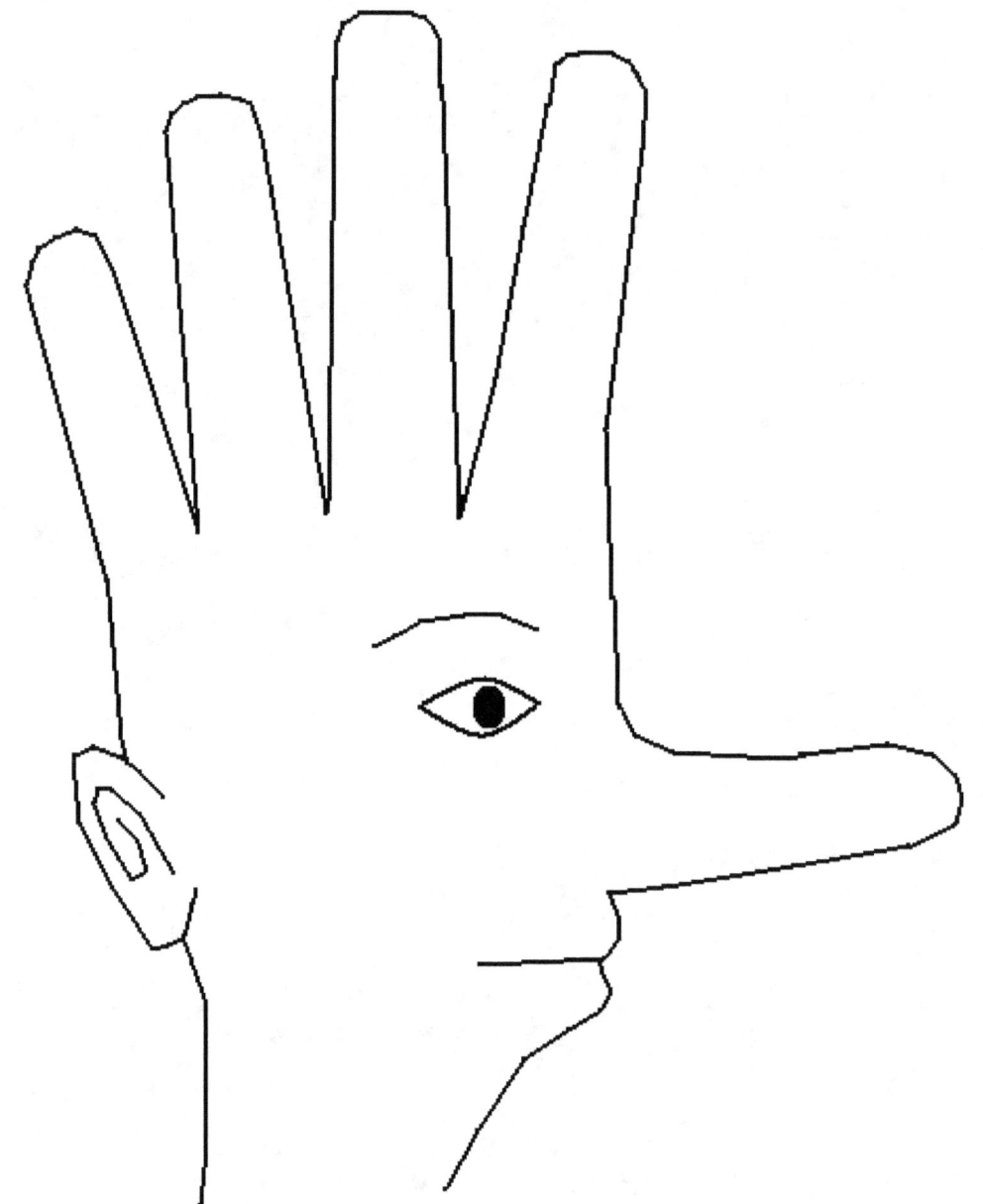

Pulpo

Abre tu mano y trázala, ahora voltea tu hoja al revés, de forma que la mano quede hacia abajo. Ahora dibuja la cabeza del pulpo, los ojos y la boca. Para finalizar, dibuja los cayos de los tentáculos.

1

2

3

4

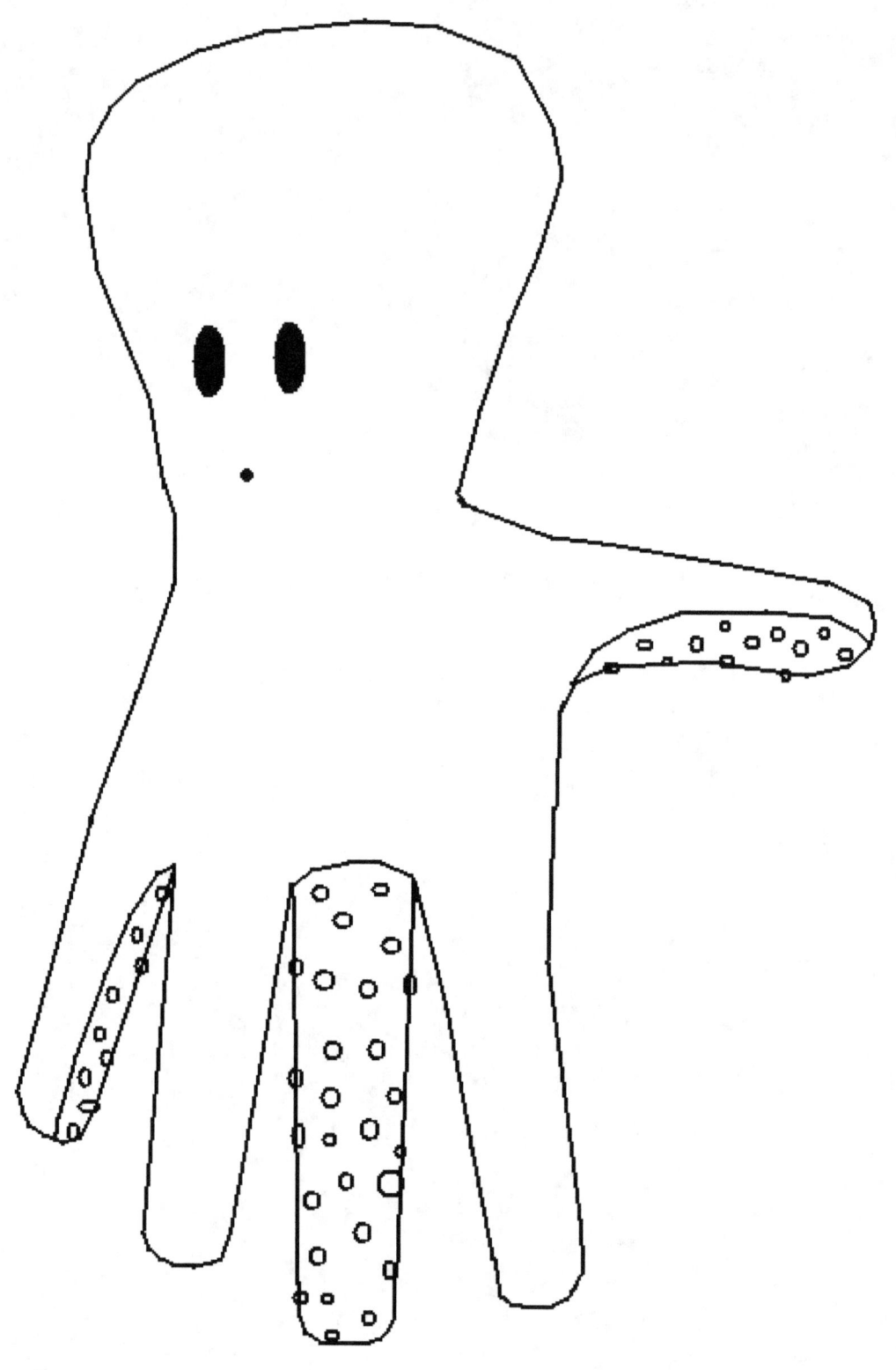

Una Casa Con Jardín

Traza tu mano como lo indica el ejemplo, luego, la trazas igual otra vez, pero esta vez al revés y junto a la otra. Ahora dibuja la puerta, las ventanas y el piso, después, donde empieza el pulgar, dibuja una línea no recta, que será la que divida los arboles y el zacate. Ahora puedes dibujarle flores o manzanas a los arboles.

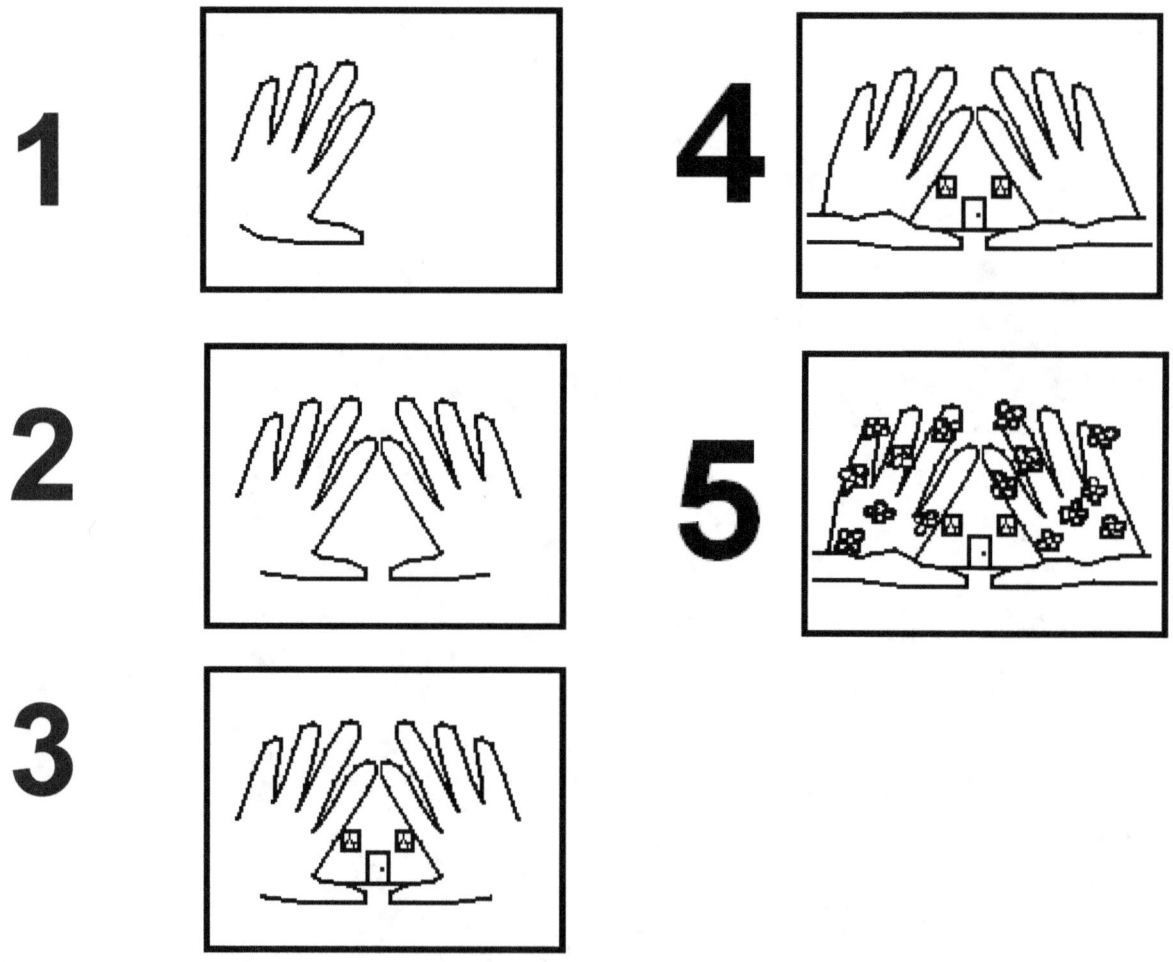

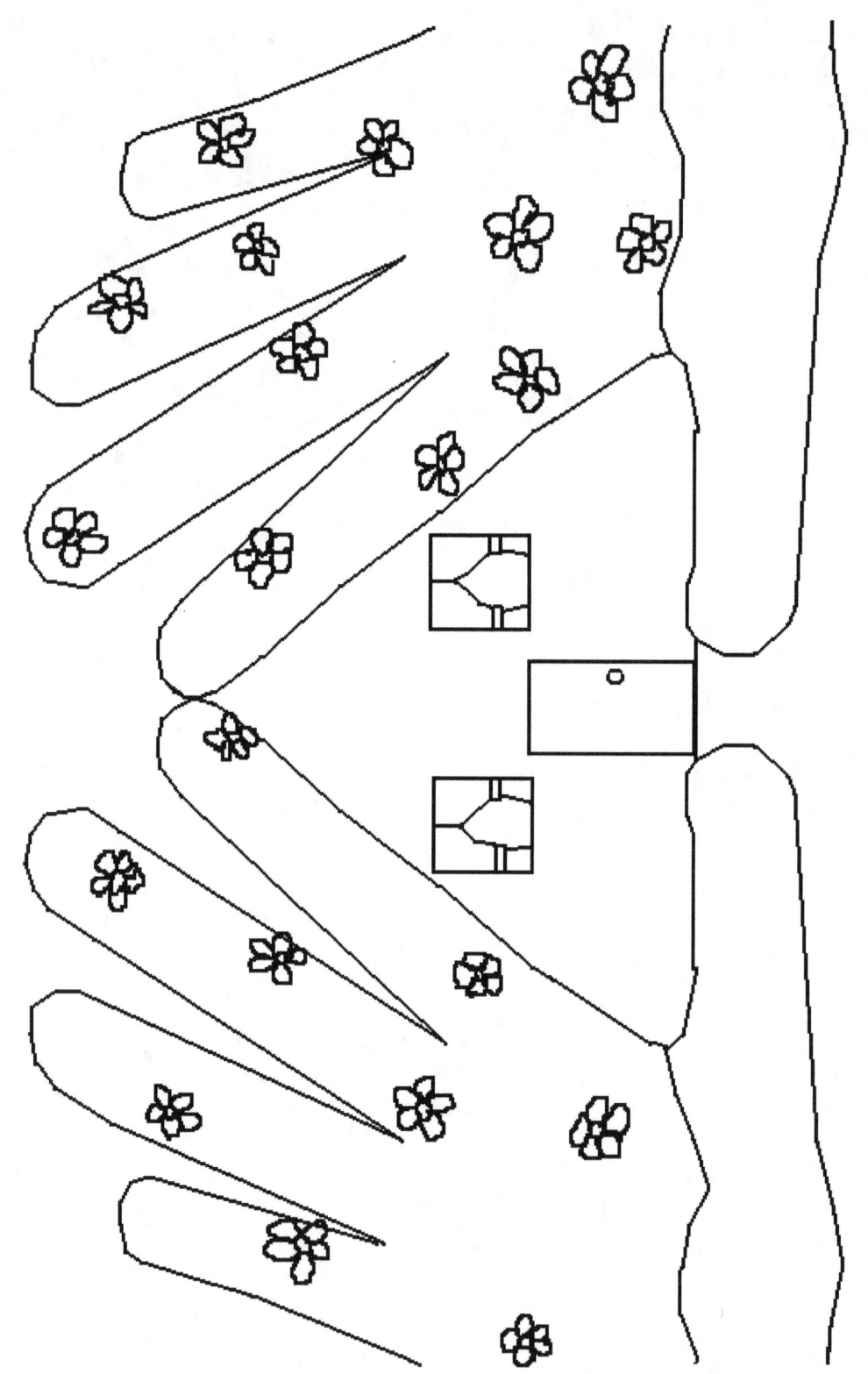

Elefante

Pon tu mano abierta en el centro de la hoja y trázala. Ahora voltéala al revés. Dibujas la oreja del elefante, luego cierras el dibujo de mano. Le dibujas la cola, el ojo, una línea desde el dedo medio hasta el meñique (la panza) y otra diagonal al otro lado del dedo medio (el pecho). Para terminar, en la punta del dedo pulgar dibujas un círculo con dos puntitos y el colmillo.

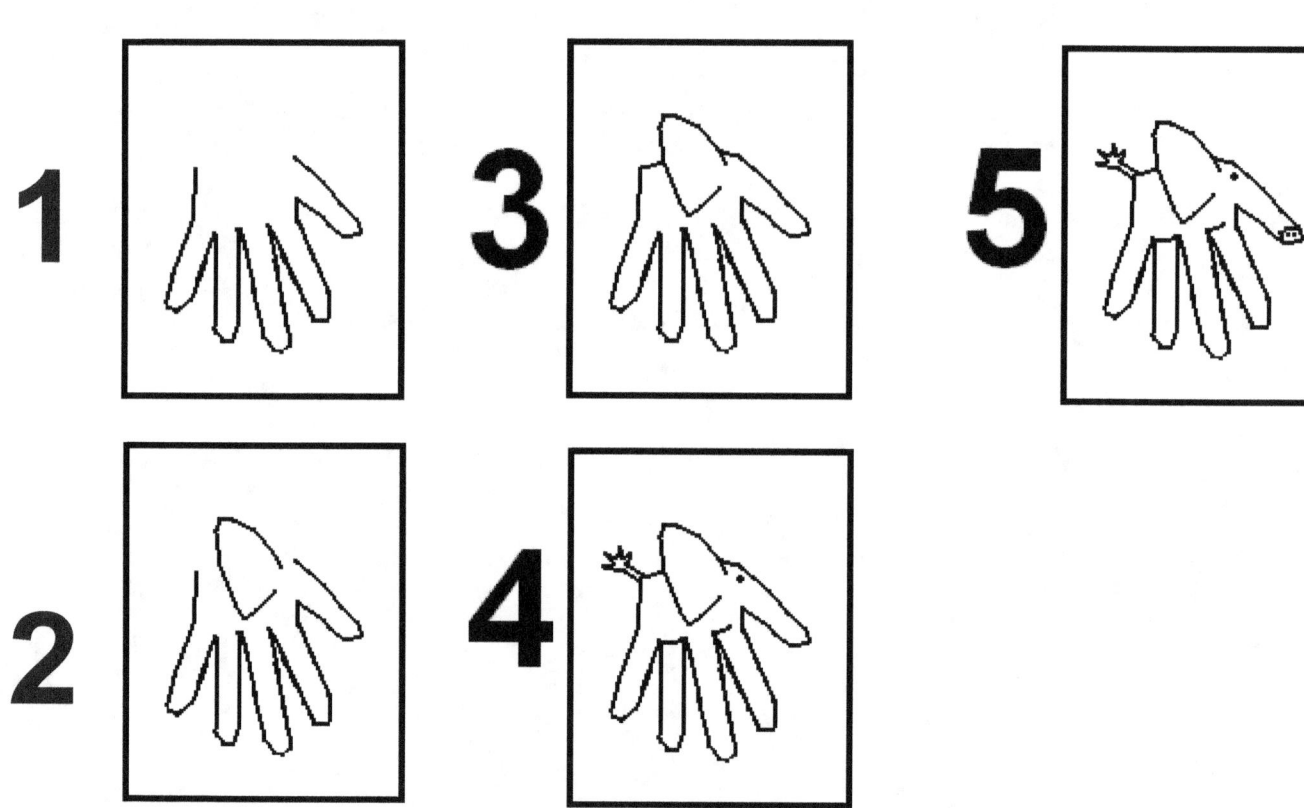

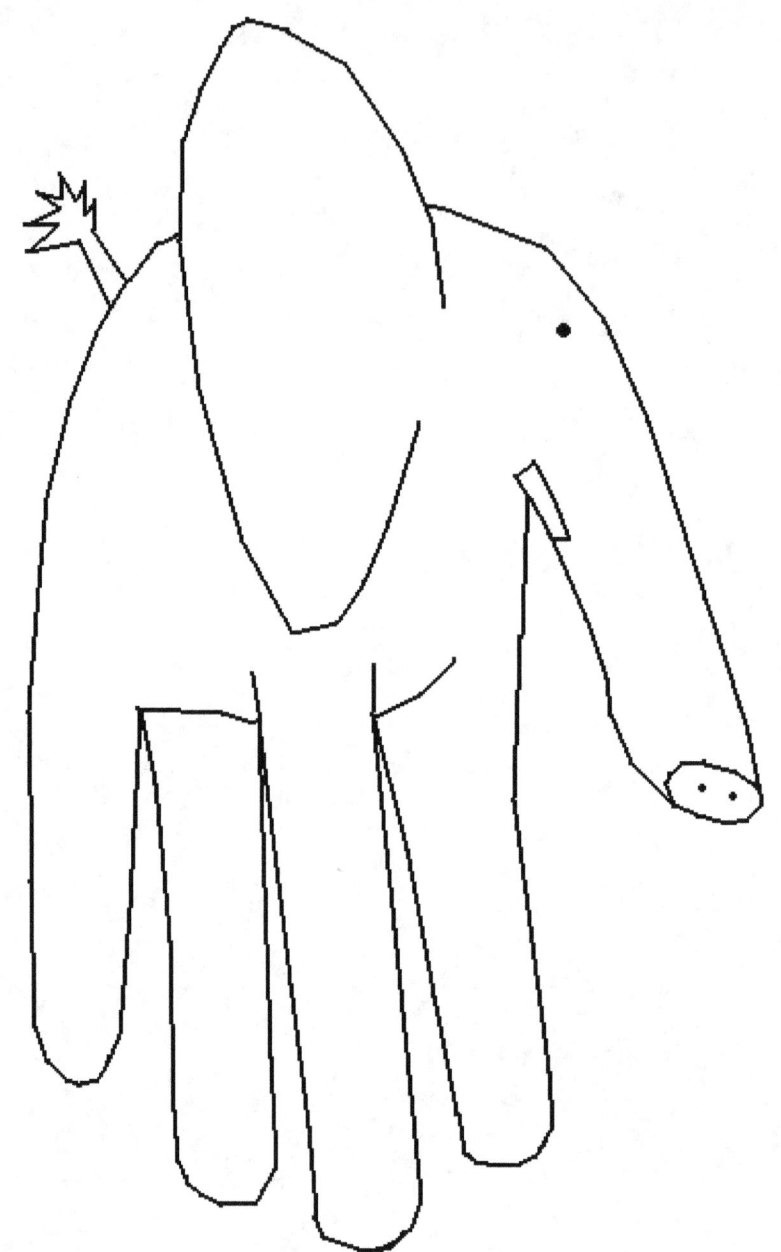

Nieve

Pones el pulgar de manera que forme una línea recta con tu brazo y los demás dedos en forma diagonal, de forma que el pulgar y los demás dedos formen una letra "V". Colocas la mano en la parte inferior de la hoja y la trazas. Ahora voltea tu hoja al revés, cierra la mano con una línea curveada y dibuja un triangulo alargado para hacer el cono, finalmente, al cono le dibujas cuadritos.

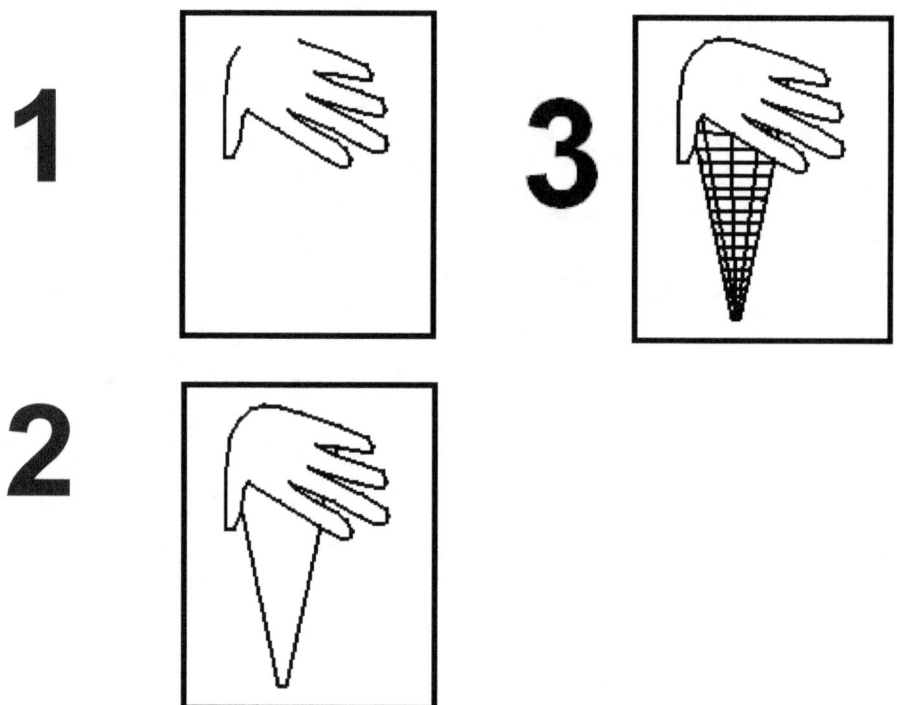

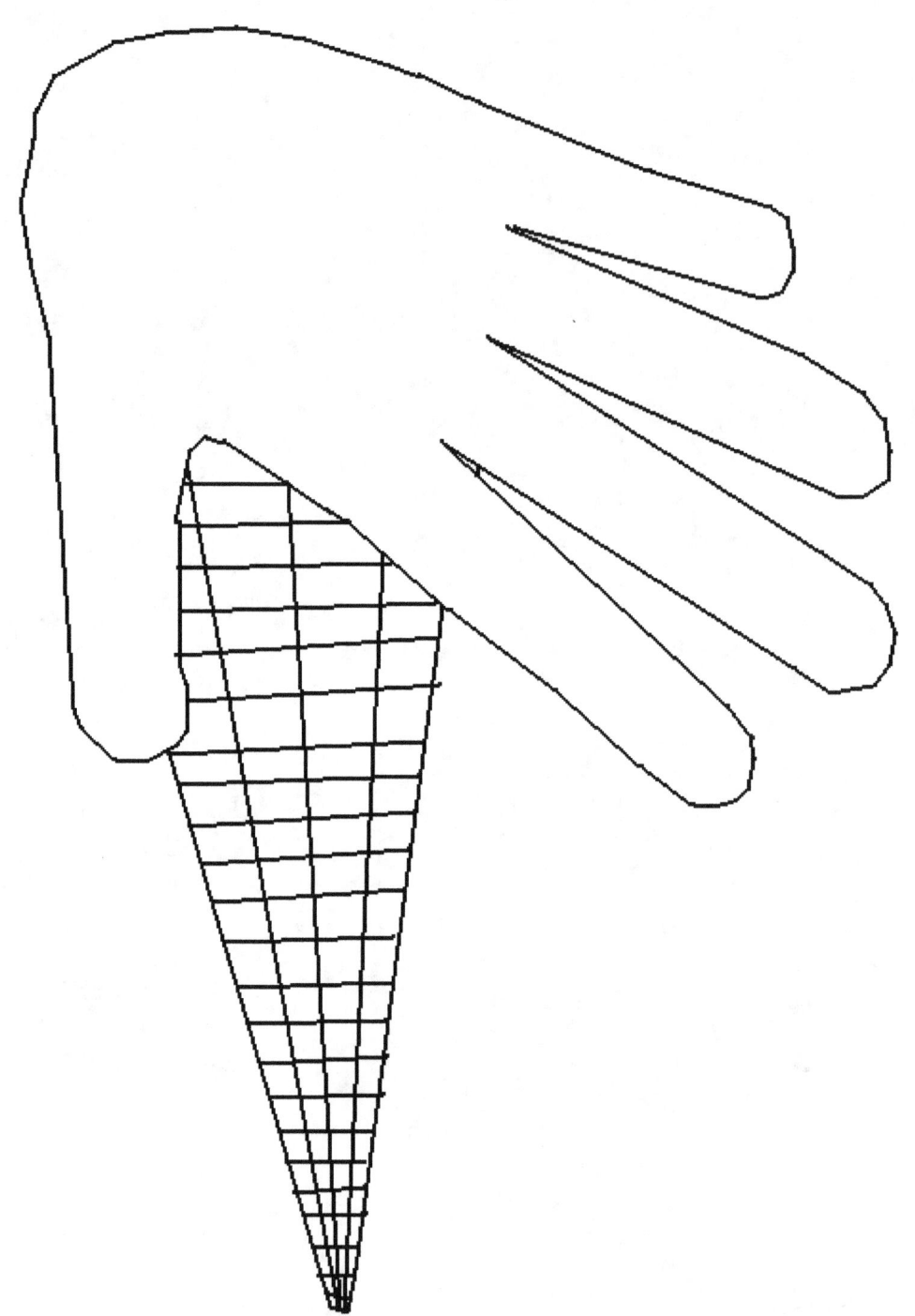

Árbol

Abres tu mano y la trázas en la parte inferior de la hoja, después volteas al revés la hoja. Dibujas el tronco del árbol y el zacate. Luego le dibujas muchas rayas al tronco. Finalmente si quieres, le puedes dibujar flores o frutas a tu árbol.

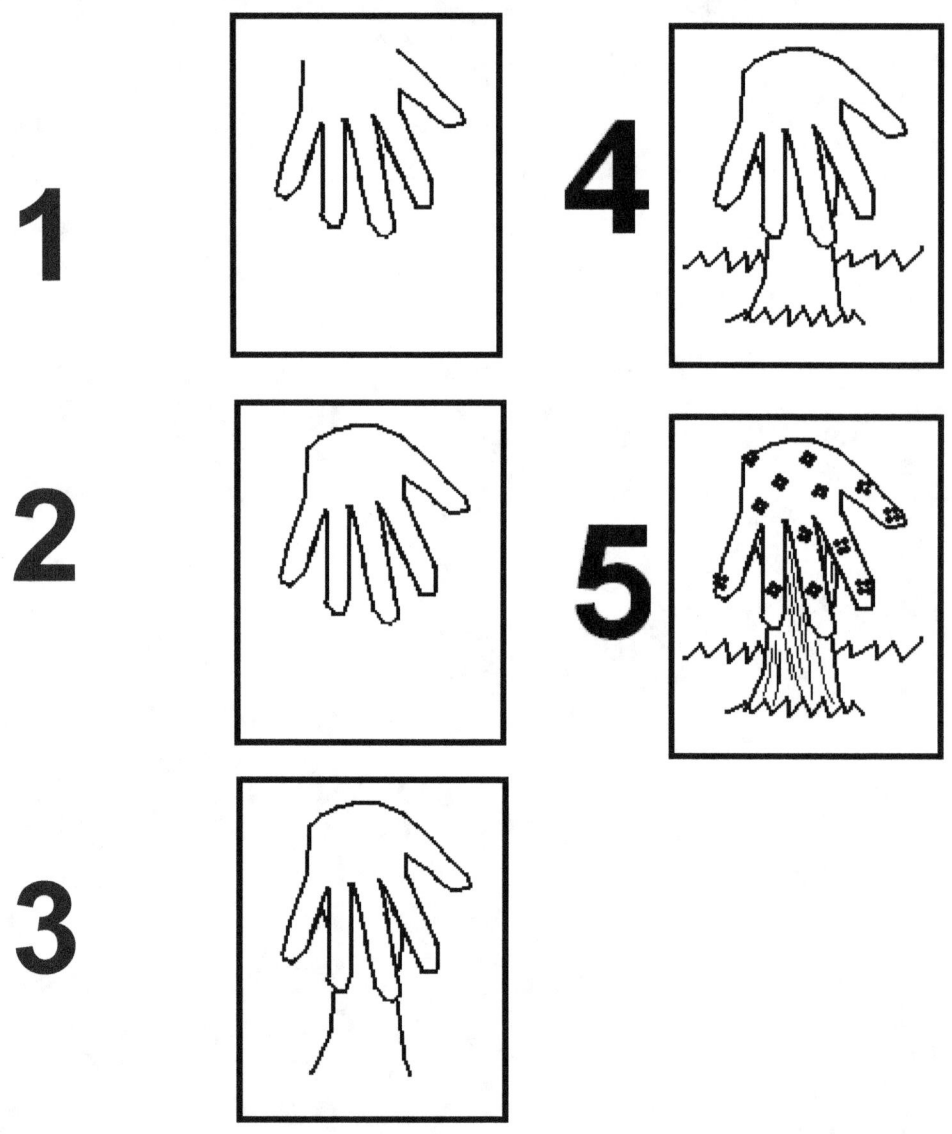

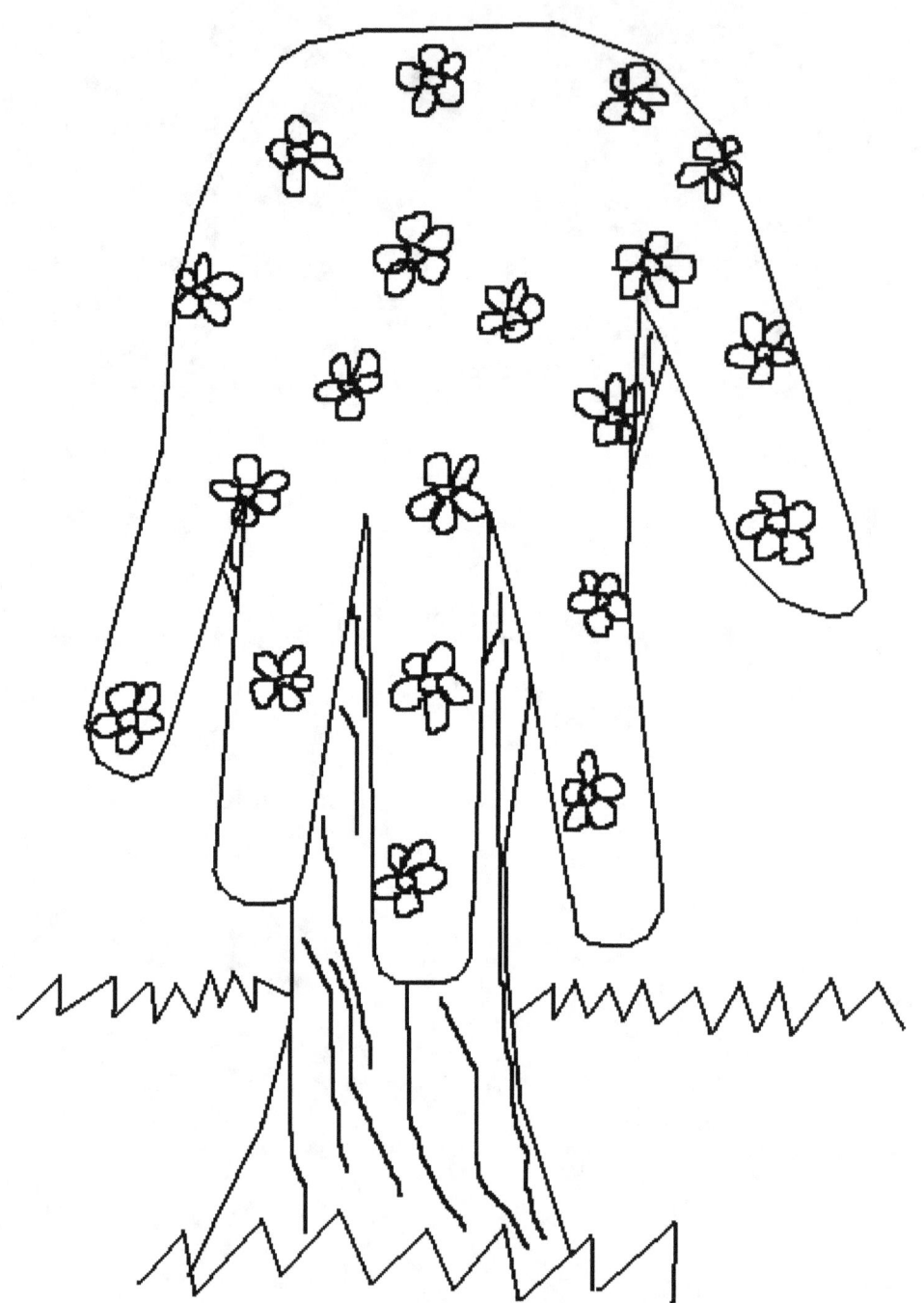

Pastel

Dibuja tu mano abierta en el centro de la hoja, luego volteas la hoja al revés. Dibujas las velitas del pastel, y luego cierras la mano con una línea curva. Ahora dibuja lo que es el pan del pastel, si hay suficiente espacio también puedes dibujar el plato en el que está el pastel.

1

2

3

4

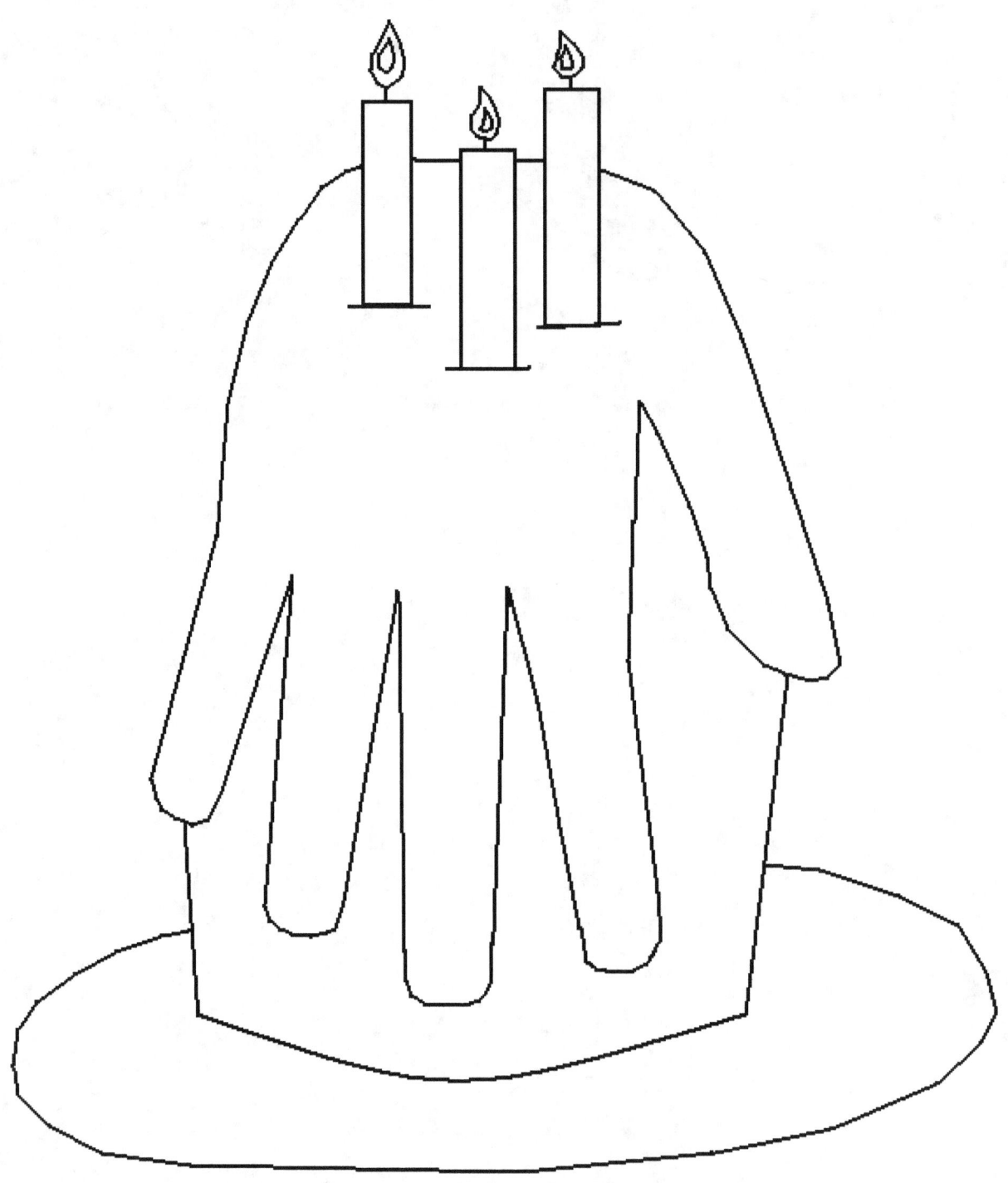

Jarra De Té

Pones la mano en la posición que parece que apuntas a algo con el pulgar y con el resto de la mano hecha puño, y la trazas sobre la hoja. Ahora dibujas la base de la jarra, la agarradera, la tapadera y el orificio por donde sale el té.

1

2

3

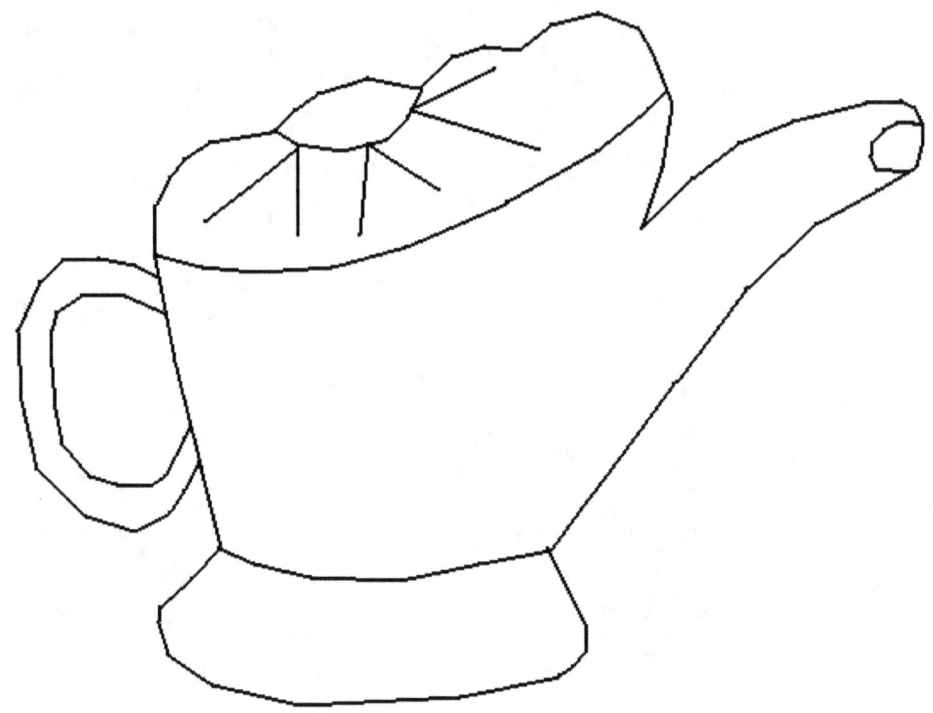

Pollito

Juntas el dedo pulgar y el dedo índice, los demás dedos que queden separados uno del otro, en esta posición trazas tu mano, como lo indican las instrucciones en dibujo. Ahora dibuja la panza, el pico, el ojo y las patas del pollo.

1

2

3

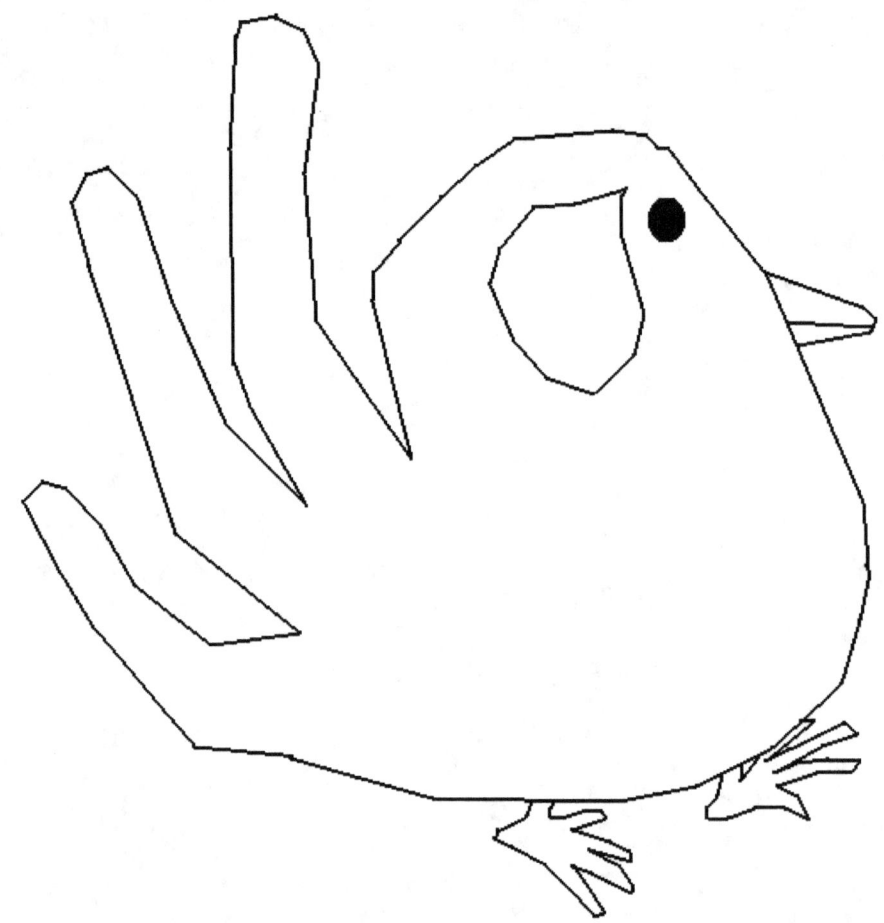

Víbora

Pones tu pulgar apuntando hacia arriba, como cuando te preguntan que tal salió la comida, y tu dices que muy rica, en esta posición trazas tu mano. El pulgar será la cabeza de nuestra víbora, entonces hay que dibujarle el ojo y la lengua. Después, en cada nudillo harás una rueda, para que parezca que la víbora esta enroscada, y el ultimo, el del dedo meñique va a ser la cola.

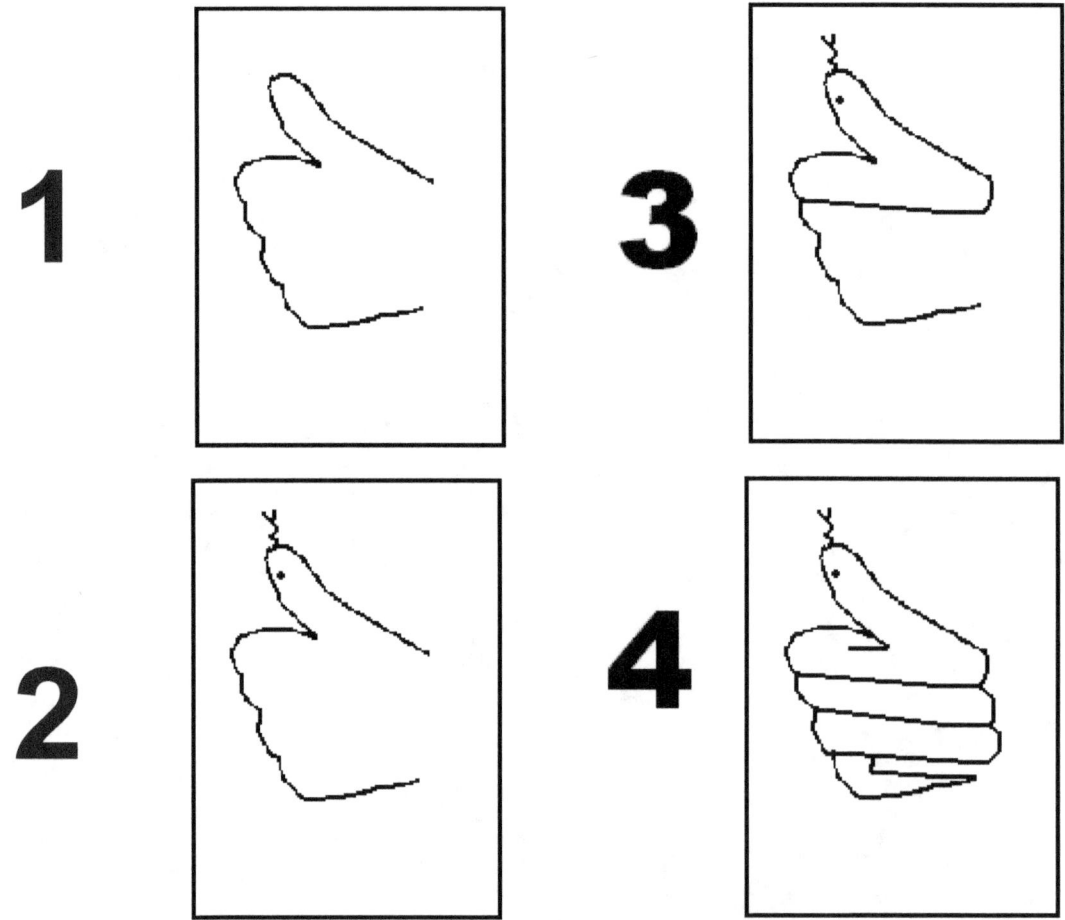

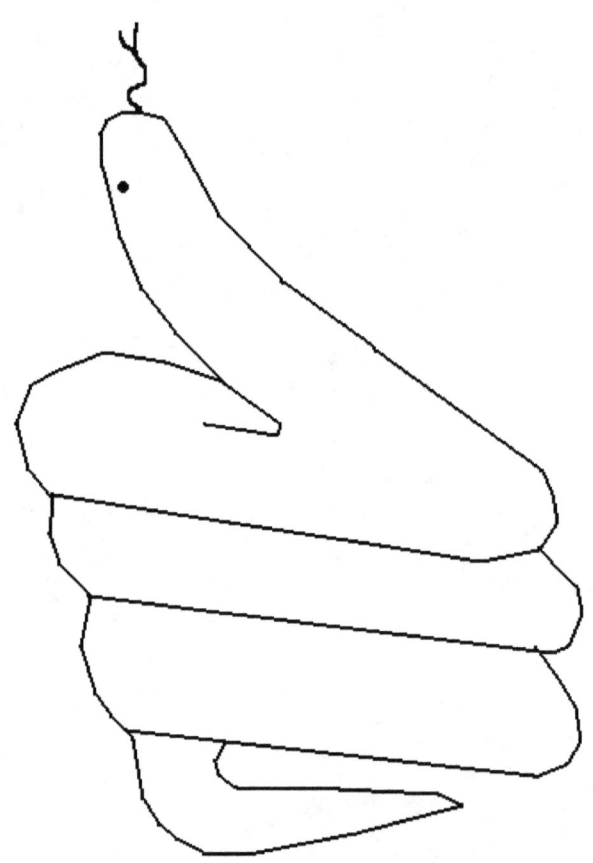

Una Muchacha

Pon tu mano en la parte inferior de la hoja, del tal forma que el dedo pulgar y los demás dedos formen una letra "V", en esta posición trazarás tu mano (la misma posición de la nieve). Ahora voltea tu hoja al revés. Ese va a ser el copete de la muchacha. Entonces, dibujas la forma de la cara, un ojo y la boca. Debajo del dedo pulgar dibujas la liga del pelo y después la cola de caballo.

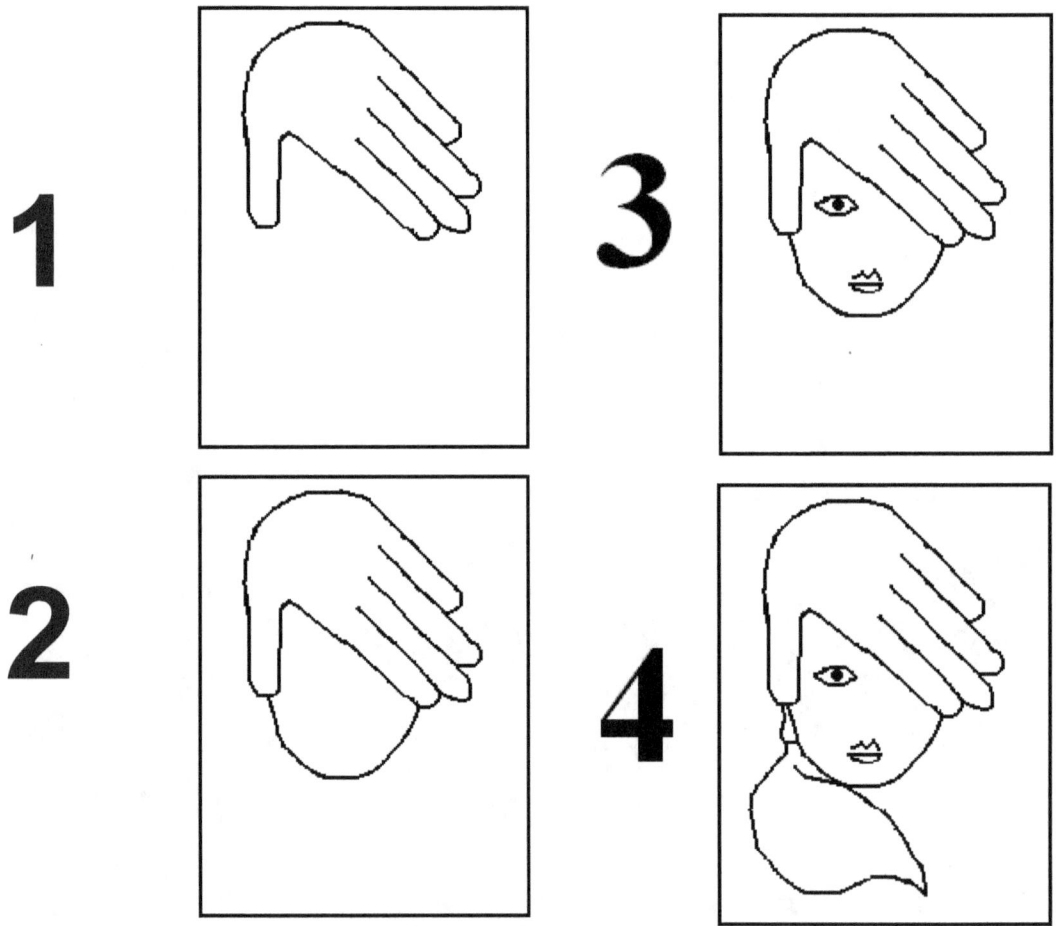

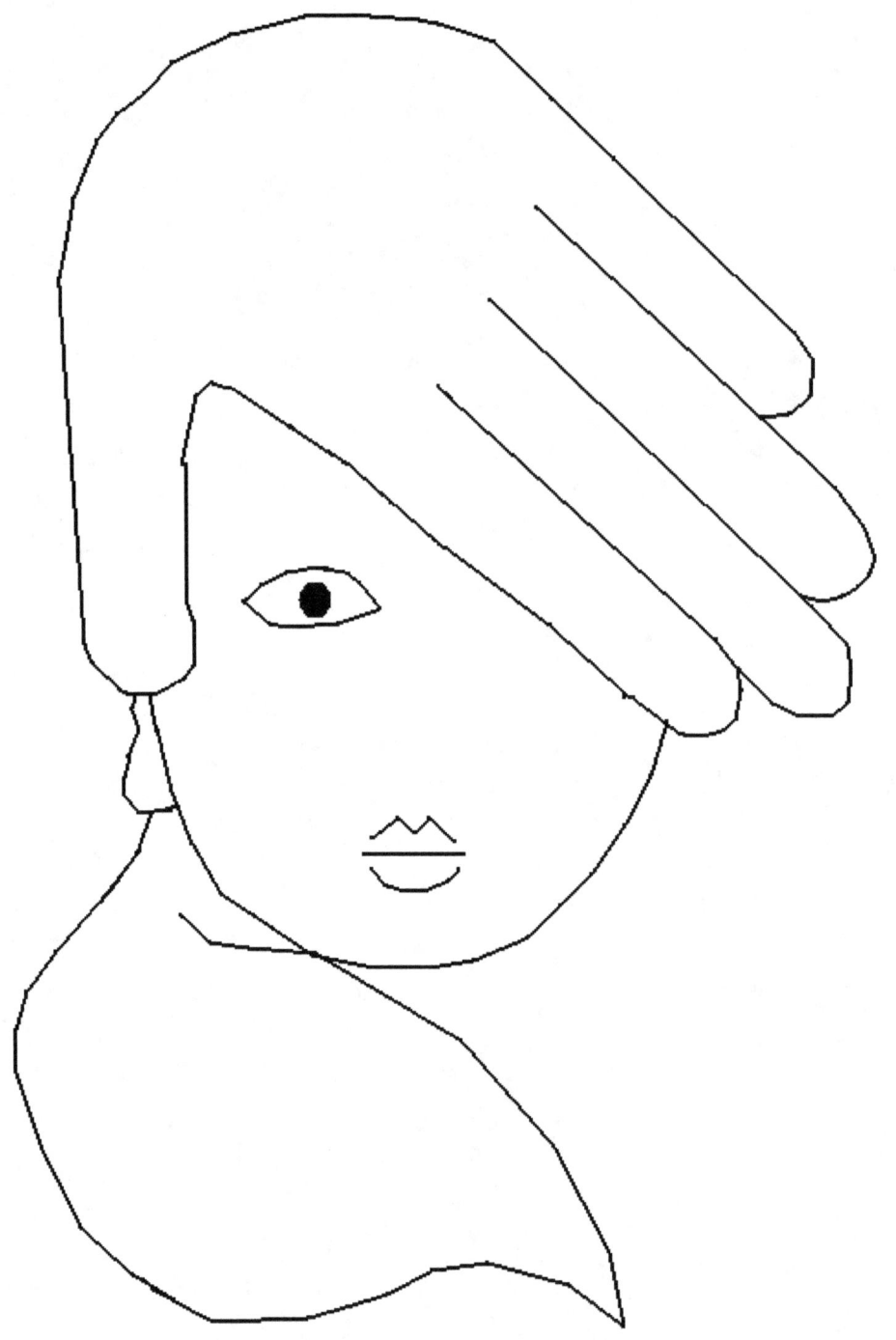

Este fué el último dibujo del libro, pero no el último dibujo del método. Tú puedes crear tus propios dibujos, y en el libro "Dibuja Usando La Forma De Tus Manos vol. 2", podrás encontrar más dibujos.

Protege tu planeta cuidando el medio ambiente

*No tires basura en la calle.

*No quemes basura (mucho menos llantas).

*No hagas fogatas.

*Economiza el agua: ciérrale al agua mientras te enjabonas al bañarte, y cuando te laves los dientes, ciérrale mientras te cepillas.

*Utiliza materiales reciclados.

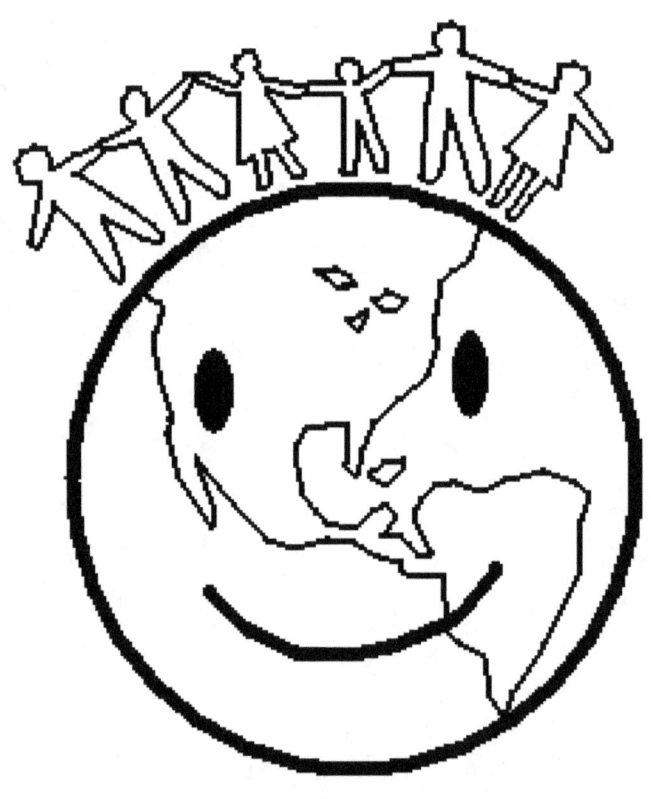

Índice